Inhalt

Internationale Rechnungslegungsvorschriften für Versicherungsunternehmen

Kernthesen

Beitrag

Fallbeispiele

Weiterführende Literatur

Impressum

Internationale Rechnungslegungsvorsc[hriften] für Versicherungsunternehn[men]

A. Kaindl

Kernthesen

- Der internationale Bilanzierungsstandard für die Versicherungswirtschaft IFRS 4 Versicherungsverträge wird in 2 Schritten eingeführt. Phase I, die nur Teilbereiche regelt, ist abgeschlossen und gilt seit 2005. In Phase II soll der Standard fertig gestellt werden. Mit der Fertigstellung ist nicht vor 2007 zu rechnen.
- IFRS 4 sieht vor, dass auch für die Passivseite der Versicherungsbilanz der Fair

Value-Ansatz zum Tragen kommt. Ein großes Problem dabei, besteht darin, dass ein befriedigender Fair Value-Ansatz noch nicht entwickelt werden konnte.

- Zwischen dem IAS 39, der den Ansatz und die Bewertung von Finanzinstrumenten regelt, und dem IFRS 4 bestehen Inkonsistenzen. Da beide Vorschriften von großer Bedeutung für die Versicherungswirtschaft sind, dürfen IAS 39 und die weitere Entwicklung von IFRS 4 nicht losgelöst von einander betrachtet werden.

Beitrag

Internationale, versicherungsspezifische Rechnungslegungsvorschriften

Im November und Dezember des Jahres 2004 verabschiedete die Europäische Kommission eine Reihe sehr bedeutender Gesetzesvorhaben. Dieser auffällige Regulierungseifer kurz vor Jahresende betraf auch die Rechnungslegung kapitalmarktorientierter Versicherungskonzerne. Die

Bilanzierung nach den Internationalen Rechnungslegungsstandards IAS/IFRS greift somit ab dem Geschäftsjahr 2005. (1)

Am 9. Dezember 2004 wurde das Bilanzrechtsreformgesetz verkündet. Eine der Änderungen betrifft die Aufhebung des § 292 a HGB und die damit zusammenhängende Einfügung des § 315 a HGB. Dieser Paragraph verankert die europäische IAS-Verordnung endgültig im deutschen Handelsrecht. Abgesehen von einer Übergangsregelung für bestimmte Unternehmen, müssen kapitalmarktorientierter Unternehmen ab 2005 ihren Konzernabschluss nach den internationalen Rechnungslegungsvorschriften IAS/IFRS aufstellen. (1)

Der internationale Bilanzierungsstandard für die Versicherungswirtschaft wird in zwei Schritten eingeführt. Für den ersten, seit Anfang 2005 geltenden Schritt steht das Kürzel IFRS 4 Versicherungsverträge (Phase I). Dieser Standard schreibt vor, wie börsennotierte Unternehmen Versicherungsverträge (einschließlich Rückversicherungsverträge) bilanzieren müssen. Im IFRS 4 Phase I sind allerdings nur einige Teilbereiche geregelt worden, etwa die Definition, was ein Versicherungsvertrag ist. In anderen wichtigen Teilbereichen bilanzieren die

Versicherungsunternehmen weiterhin nach den Regeln, die schon vorher angewendet wurden. Mit dieser Interimslösung ist die Phase I des International Accounting Standards Board (IASB)-Projekts Versicherungsverträge abgeschlossen. In der Phase II soll der abschließende Rechnungslegungsstandard für Versicherungsverträge fertig gestellt werden. Mit den Ergebnissen kann erst ab 2007, wahrscheinlich aber später, gerechnet werden. (3), (4), (5), (7)

Inhalt und Auswirkungen der Bilanzierungsvorschriften

Die europäische Versicherungswirtschaft befürchtet Nachteile aus der Einführung der neuen Bilanzierungsregeln. Die Einführung von IAS/IFRS und die damit verbundene stärkere Orientierung an Marktwerten sei zwar positiv zu werten, es müsse aber verhindert werden, dass die neuen Regeln zu einer künstlichen Schwankung der Ergebnisse führen. So ist in der derzeit geltenden Form der IAS/IFRS die Aktivseite der Versicherungsbilanz an Marktwerten orientiert, nicht aber die Passivseite. Kommt es bspw. zu Veränderungen des Marktzinses, schwankt nach IAS/IFRS nur die eine Seite der Bilanz. Das führt zu Schwankungen im Eigenkapital, die nicht die wirkliche Entwicklung spiegelten. (3)

Einzelne Bilanzierungsstandards werden von der Finanzbranche teilweise sehr stark kritisiert. IAS 39 beschäftigt sich mit dem Ansatz und der Bewertung von Finanzinstrumenten und ist der vermutlich bislang am meisten diskutierte Rechnungslegungsstandard. IAS 39 ist branchenübergreifend auf die Bewertung von Finanzinstrumenten anzuwenden und hat damit naturgemäß eine hohe Bedeutung für Banken und Versicherungen. In den Anwendungsbereich von IAS 39 fallen sämtliche Finanzinstrumente, sofern nicht explizit eine in IAS 39 genannten Ausnahme zum Tragen kommt. Explizit ausgenommen sind Versicherungsverträge, allerdings gibt es auch hier Ausnahmen von der Ausnahme: Beinhalten Instrumente, die der Form nach als Versicherungs- bzw. Rückversicherungsvertrag eingestuft werden, hauptsächlich die Übertragung von Finanzrisiken, so ist auf diese dennoch IAS 39 anzuwenden. (1), (8)

IFRS 4 definiert einen Versicherungsvertrag als einen Vertrag, nach dem eine Partei (der Versicherer) ein signifikantes Versicherungsrisiko von einer anderen Partei (dem Versicherungsnehmer) übernimmt, indem vereinbart wird, dass dem Versicherungsnehmer eine Entschädigung zu leisten ist, wenn ein spezifiziertes ungewisses künftiges Ereignis (das versicherte Ereignis) den Versicherungsnehmer nachhaltig trifft.

Ein zwingend erforderlicher Bestandteil eines Versicherungsvertrages ist das Vorhandensein eines signifikanten Versicherungsrisikos, das im Übrigen für den potenziellen Versicherungsnehmer auch ohne den Versicherungsvertrag existieren muss. Ein Finanzrisiko dagegen ist als das Risiko aus dem Vertrag getrieben u.a. durch Zinsänderungs-, Wechselkurs- und Aktienkursrisiken zu verstehen. Bei einer Haftpflichtpolice bspw. ist es keine Frage, dass diese unter IFRS 4 fällt, da ein klares Versicherungsrisiko transferiert wird. Der Sparanteil einer fondsgebundenen Lebensversicherung jedoch wird nach IAS 39 bewertet. (1), (2), (4)

Probleme mit dem vom IASB geplanten Versicherungsstandard

Die in 2005 in Kraft getretene Phase I bleibt ein äußerst unvollständiges Regelwerk. Einheitliche Standards über die Grenzen hinweg werden erst in der Phase II des Projekts IFRS für Versicherungsverträge erarbeitet. Von einer echten Fair Value Bilanzierung ist die Assekuranz noch weit entfernt. Dabei wird der Fair Value definiert als der Betrag, für den zwischen informierten und vertragswilligen Parteien in einer Transaktion zu Marktbedingungen ein Vermögenswert getauscht oder eine Verpflichtung festgesetzt wird. Das ganz große Problem für die Branche, die Anwendung von IFRS auf der Passivseite, ist noch nicht gelöst. Für die Passivseite einer Versicherungsbilanz ist ein befriedigender Fair Value-Ansatz methodisch noch nicht entwickelt. Einen Markt für Versicherungsverträge gibt es nicht. Gerade in der Lebens- und Krankenversicherung mit Vertragslaufzeiten von mehreren Jahrzehnten ist ein aktueller Wert kaum zu berechnen, da eine Vielzahl von Annahmen, von der Risikostruktur bis hin zu Kapitalmarktentwicklungen, getroffen werden müsste. Korrekturen dieser Annahmen in der Zukunft aufgrund eines geänderten Umfelds müssten in der Bilanz dargestellt werden und würden zu erheblichen Schwankungen führen. Die Diskussion um Für und Wider der verschiedensten nationalen Ansätze, das Abwägen der Vor- und Nachteile der von einigen europäischen Konzernen bereits angewendeten Standards der US-GAAP und die Entwicklung völlig neuer Bewertungsansätze zur Bestimmung eines Fair Value von Versicherungsverträgen ist in vollem Gange. Die Variabilität der Meinungen um IFRS 4 droht bereits jetzt die Ausmaße der Diskussion um IAS 39 zu übertreffen. (1), (2), (8)

Inkonsistenzen zwischen IAS 39

und IFRS 4

Es ist zu befürchten, dass Versicherungsunternehmen gegenüber Banken Wettbewerbsnachteilen ausgesetzt werden könnten. Banken dürfen die eigenen Finanzverbindlichkeiten, ausgenommen Handelspassiva, nicht zum Fair Value bewerten. Auch ein Großteil der Aktiva, nämlich Kredite und Forderungen, werden zu fortgeführten Anschaffungskosten bewertet. Wesentliche Teile der Bilanzsumme sind also nicht zum Fair Value zu bewerten, womit das Eigenkapital als Differenz von Vermögen und Verbindlichkeiten nur gedämpften Schwankungen unterliegt. (1)

Versicherer müssen hingegen nach IAS 39 den größten Teil ihrer Aktiva, nämlich die Kapitalanlagen, zum Fair Value bewerten. Nach IFRS 4 (Phase I) sind dagegen die versicherungstechnischen Rückstellungen, also der größte Teil der Passiva, zum Nennwert bzw. zu fortgeführten Anschaffungskosten zu bilanzieren. Das Eigenkapital wird dadurch zwangsläufig stärker schwanken als bei Banken. (1)

Wenn Versicherungsverträge in Phase II zum Fair Value bewertet werden müssen, dann sollten unter der Voraussetzung eines effektiven Asset-Liability-Managements und eines erwartungstreuen Risikoverlaufs Vermögenswerte und

Verbindlichkeiten in die gleiche Richtung pendeln. Das Eigenkapital würde durch Marktbewertungen im Idealfall überhaupt nicht verändert. (1)

Die Frage, wie Verbindlichkeiten der Versicherungen, insbesondere die versicherungstechnischen Rückstellungen, marktnah zu bewerten sind, ist philosophisch und technisch schwierig zu beantworten. Wie auch immer die Lösung aussehen wird, es ist schon jetzt Konfliktpotenzial zu bestehenden IAS/IFRS vorprogrammiert, insbesondere zum IAS 39. Beispielsweise ist die Argumentation nicht nachzuvollziehen, wonach Darlehen wegen eines meist nicht vorhandenen Markts zu fortgeführten Anschaffungskosten bewertet werden können und dieser Ansatz für Versicherungsverträge jedoch nicht gelten soll. Auf jeden Fall dürfen IAS 39 und die weitere Entwicklung von IFRS 4 nicht voneinander losgelöst betrachtet werden. (1)

Von den Inkonsistenzen zwischen IAS 39 und IFRS 4 sind neben Versicherungskonzernen vor allem Finanzkonzerne mit Tochtergesellschaften sowohl im Banken- als auch Versicherungssektor betroffen. (1)

Offene Punkte

In der Versicherungsbranche herrscht derzeit noch eine gewisse Ratlosigkeit, wie das Problem der Fair Value-Bewertung der Passivseite der Versicherungsbilanz gelöst werden kann. Die meiste Zustimmung scheinen Vorschläge zu finden, die Fair Value-Berechnungen unter genauer Angabe der Annahmen in den Anhängen der Geschäftsberichte darstellen. Denn so müssten die zu erwartenden Schwankungen bei langfristigen Verträgen nicht durch die Gewinn- und Verlustrechnung gezogen werden. Außerdem würden unerwünschte Volatilitäten, die den Eigenkapitalbedarf der Unternehmen in die Höhe schnellen ließen, vermieden. (2)

Fallbeispiele

Unter den großen zehn der Branche ist Axa die einzige börsennotierte Versicherungsgruppe in Deutschland, die ihren Konzernabschluss noch nicht nach IAS/IFRS oder US-GAAP vorlegt. Das Unternehmen hat bisher nach HGB bilanziert, musste allerdings an die französische Mutter in Paris nach French GAAP berichten und für deren Abschluss nach SEC-Richtlinien - die Axa SA ist auch in New

York notiert auch US-GAAP Zahlen parat haben. Die weltweiten Axa-Zahlen des Jahres 2002 sind ein krasses Beispiel dafür, wie notwendig einheitliche Rechnungslegungsstandards sind. Während der Vorstand nach French GAAP einen Nettogewinn von EUR 949 Millionen im Abschluss präsentieren konnte, musste er nach US-GAAP einen Verlust von EUR 2,9 Milliarden ausweisen. Im Abschluss für die deutsche Gruppe stand nach HGB ein Gewinn von EUR 4 Millionen. (2)

Der im Vorstand der Ergo Versicherungsgruppe zuständige Vorstand für das Ressort Rechnungswesen ist der Meinung, dass die Fair Value-Bewertung auf der Passivseite einer Versicherungsbilanz nicht passt, da es dem Langfristcharakter einer Versicherung nicht entspricht. Die kontinuierliche Marktbewertung vor allem bei langlaufenden Verträgen führt zu einer starken Volatilität im Ergebnis eines Versicherers und schränkt so dessen Bewegungsspielraum ein. Der Vorstand warnt davor, dass die Rechnungslegung nicht die Produktgestaltung beeinflussen darf. Es sei eine Fiktion mit einheitlichen Rechnungslegungsvorschriften Versicherungsunternehmen weltweit vergleichbar machen zu können. Denn allein die Produkte wie Lebensversicherungen sind in den einzelnen Ländern höchst unterschiedlich. (2)

In der jüngsten Sigma-Studie des Rückersicherers Swiss Re wird die These aufgestellt, dass die Anwendung des IFRS 4 nach Beendigung der Phase II, zu einer Fülle zusätzlicher Informationen führen wird, was für alle Beteiligten neben der Gefahr von Missverständnissen auch Chancen birgt. Die Bewertung von Verbindlichkeiten zum Fair Value muss nicht zwingend nachteilig sein. Allerdings müssten den Investoren, Rating-Agenturen und anderen Stakeholders die Gründe für die - voraussichtlich häufig stattfindende Änderung der Annahmen, die einer Reservierung von Verbindlichkeiten zugrunde gelegt werden, erklärt werden. Abgesehen von beträchtlichen einmaligen Umstellungskosten dürften die vorgeschlagenen Offenlegungspflichten zu einem erheblichen Zusatzaufwand führen, der auch zu höheren Preisen für die Kunden führen wird. Ob das Mehr an Transparenz bzw. das umfassendere Verständnis der spezifischen Risiko- und Renditecharakteristik einer Versicherung dies aufzuwiegen vermag, bleibt offen. (6)

Weiterführende Literatur

(1) IAS 39 und IFRS 4: Banken bevorzugt?
aus Versicherungswirtschaft, 15.2.2005, 60.Jg., Nr. 04,

S. 263

(2) Nur "IFRS light" für die Assekuranz Zentrale Probleme bleiben ungelöst - Kleinere Versicherer warten bei internationaler Rechnungslegung ab
aus Börsen-Zeitung, 31.12.2004, Nummer 254, Seite 51

(3) Versicherer befürchten Nachteile aus neuer Bilanzregel
aus Frankfurter Allgemeine Zeitung, 13.01.2005, Nr. 10, S. 12

(4) IFRS: Bilanz-Revolution oder -Evolution?
aus Versicherungswirtschaft, 15.12.2004, 59.Jg., Nr. 24, S. 1937

(5) Europas Versicherer haben eine Schonfrist für neue Bilanzierung Bilanz: Assekuranzen vorerst von IFRS-Vorschriften befreit
aus WirtschaftsBlatt, 13.01.2005, Nr. 2280, S. 113

(6) Artifizielle Volatilität bedroht die Versicherer Gemischte Bilanz der Swiss Re zum IFRS-Regime
aus Neue Zürcher Zeitung, 15.12.2004, Nr. 293, S. 25

(7) Swiss Re bleibt bei Schweizer Buchhaltungspraxis Bewilligung der Schweizer Börse bis 2007 auch für Generali
aus Neue Zürcher Zeitung, 02.12.2004, Nr. 282, S. 25

(8) Drohende Gefahr durch Phase II des IASB-Insurance Contracts Project?
aus Versicherungswirtschaft, 1.1.2005, 60.Jg., Nr. 01, S.

33

(9) Drohende Gefahr durch Phase II des IASB-Insurance Contracts Project?
aus Versicherungswirtschaft, 1.2.2005, 60.Jg., Nr. 03, S. 181

Impressum

Internationale Rechnungslegungsvorschriften für Versicherungsunternehmen

Bibliografische Information der deutschen Nationalbibliothek

Die Deutsche Nationalbibliothek verzeichnet diese Publikation in der deutschen Nationalbibliografie; detaillierte bibliografische Daten sind im Internet über http://dnb.d-nb.de abrufbar.

ISBN: 978-3-7379-1325-6

© 2015 GBI-Genios Deutsche Wirtschaftsdatenbank GmbH, Freischützstraße 96, 81927 München, www.genios.de

Alle Rechte vorbehalten. Dieses Werk ist einschließlich aller seiner Teile – z.B. Texte, Tabellen und Grafiken - urheberrechtlich geschützt. Jede Verwertung außerhalb der Grenzen des Urheberrechtsgesetzes bedarf der vorherigen Zustimmung des Verlags. Dies gilt insbesondere auch für auszugsweise Nachdrucke, fotomechanische

Vervielfältigungen (Fotokopie/Mikroskopie), Übersetzungen, Auswertungen durch Datenbanken oder ähnliche Einrichtungen und die Einspeicherung und Verarbeitung in elektronischen Systemen.